Ziehe die gepunkteten Buchstaben mit einem Stift nach. Schreibe sie danach selbstständig in die Reihen.

K U H

 A FFE

WUR M

 MA U S

Hier fehlt etwas!
Kannst du die gepunkteten Buchstaben
ordentlich nachziehen?

Ziehe die gepunkteten Buchstaben mit einem Stift nach. Schreibe sie danach selbstständig in die Reihen.

In welchen Herzen steht ein **F**?
Male sie mit einem roten Stift aus.

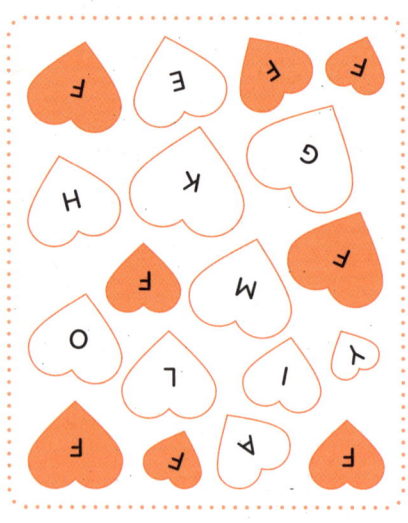

A C H Z W T
C N Y H J
R B H F V
B I X
H D H A B
F H G
P K H Q
Z H
L

In diesem Wimmelbild haben sich viele
Buchstaben versteckt. Suche das **H** und kreise
jedes ein, das du finden kannst.

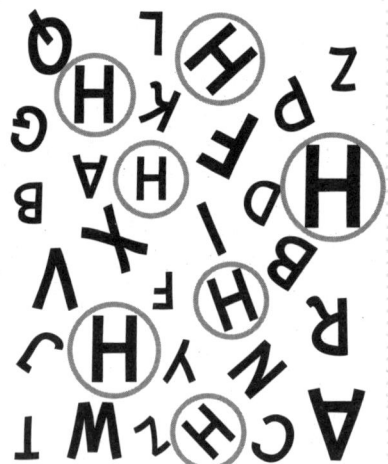

ENTEN

HUND

STIER

SCHAF

SCHWEIN

PFERD

**Mit welchen Buchstaben beginnen
die Namen dieser Tiere?
Schreibe sie in das Feld darunter.**

SCHLANGE

L A

H N G

S C E

Die Buchstaben sind ganz durcheinander!
Verbinde sie in der richtigen Reihenfolge,
sodass dabei das Lösungswort herauskommt

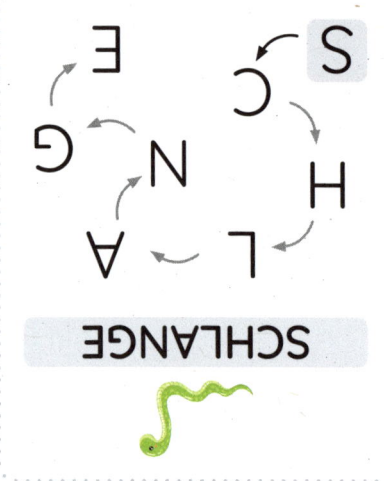

Ziehe die gepunkteten Buchstaben mit einem Stift nach. Schreibe sie danach selbstständig in die Reihen.

STRAND

BALL

SAHNE

PUPPE

SEIL

MAMA

PAPA

SPINNE

Welche Wörter beginnen mit dem Buchstaben S?
Kreise sie ein. Wenn du möchtest, kannst du
noch passende Bilder dazu malen.

SPINNE

PAPA

MAMA

SEIL

PUPPE

SAHNE

BALL

STRAND

F H I R

h r f i

Finde zu jedem Großbuchstaben den passenden Kleinbuchstaben. Ziehe Linien.

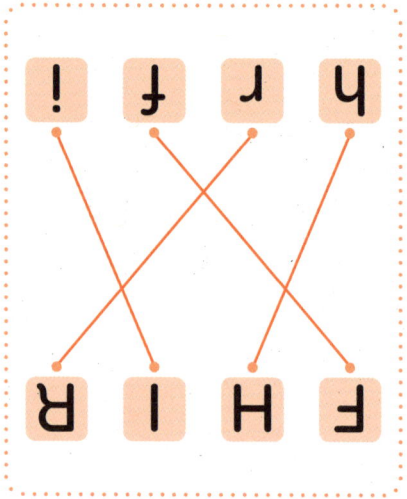

Lösung:

Q Q Q

R R R

S S S

T T T

 ANANAS

ZITRONE

 MELONE

MELONE

ZITRONE

ANANAS

Lösung:

A B C D E F G

Was wächst denn hier? Male die Felder des Bildes aus, indem du die unten abgebildeten Farben verwendest.

Bring das EICHHÖRNCHEN zur Nuss,
indem du im Labyrinth den Buchstaben folgst.

SANDBURG

SCHAUFEL

BALL

SANDBURG

SCHAUFEL

BALL

Lösung:

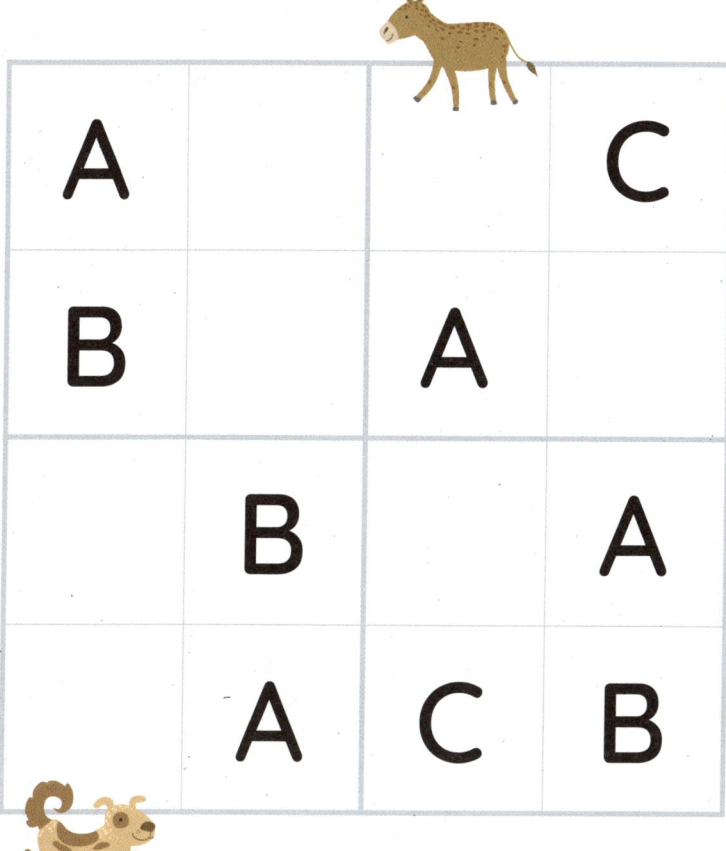

A			C
B		A	
	B		A
	A	C	B

A	D	B	C
B	C	A	D
C	B	D	A
D	A	C	B

BANANE

A

A

N

N

B

E

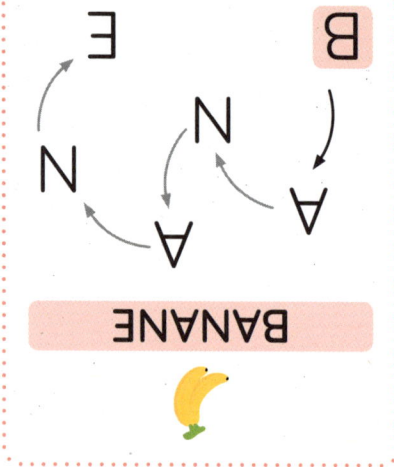

B

E

N

A

N

A

BANANE

**Verbinde die Punkte, indem du den
Buchstaben in alphabetischer Reihenfolge folgst.
Male das Bild danach bunt aus.**

Lösung:

SCHOKOKEKS   SCHOKOLADE

Finde den richtigen Weg durch das Labyrinth.
Die Buchstaben auf dem Weg zum Ziel ergeben
das Lösungswort. Kreise es ein.

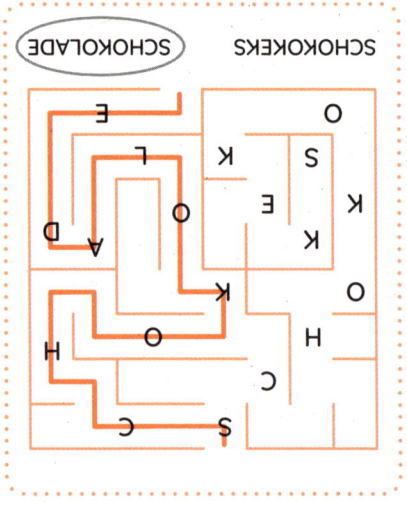

SCHOKOLADE SCHOKOKEKS

Lösung:

**In jedem Feld steht eine Farbe.
Male die Felder in den richtigen Farben aus.**

Lösung:

 IELELBL

L

 DOKLIRKO

K

 CNSEHKCE

S

Die Wörter sind ganz durcheinander!
Kannst du die Buchstaben sortieren und
alle Wörter richtig in die Felder schreiben?

Lösung:

IELELBL

LIBELLE

DOKLIRKO

KROKODIL

CNSEHKCE

SCHNECKE

Y Y Y Y

Z Z Z

Hier ist Platz, um deinen Namen aufzuschreiben!

Ziehe die gepunkteten Buchstaben mit einem Stift nach. Schreibe sie danach selbstständig in die Reihen.

Bringe das Giraffenbaby zu seiner **MAMA**, indem du den Buchstaben **M** und **A** abwechselnd folgst. Zeichne den richtigen Weg ein.

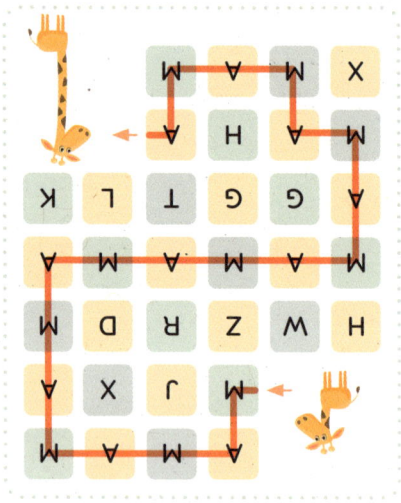

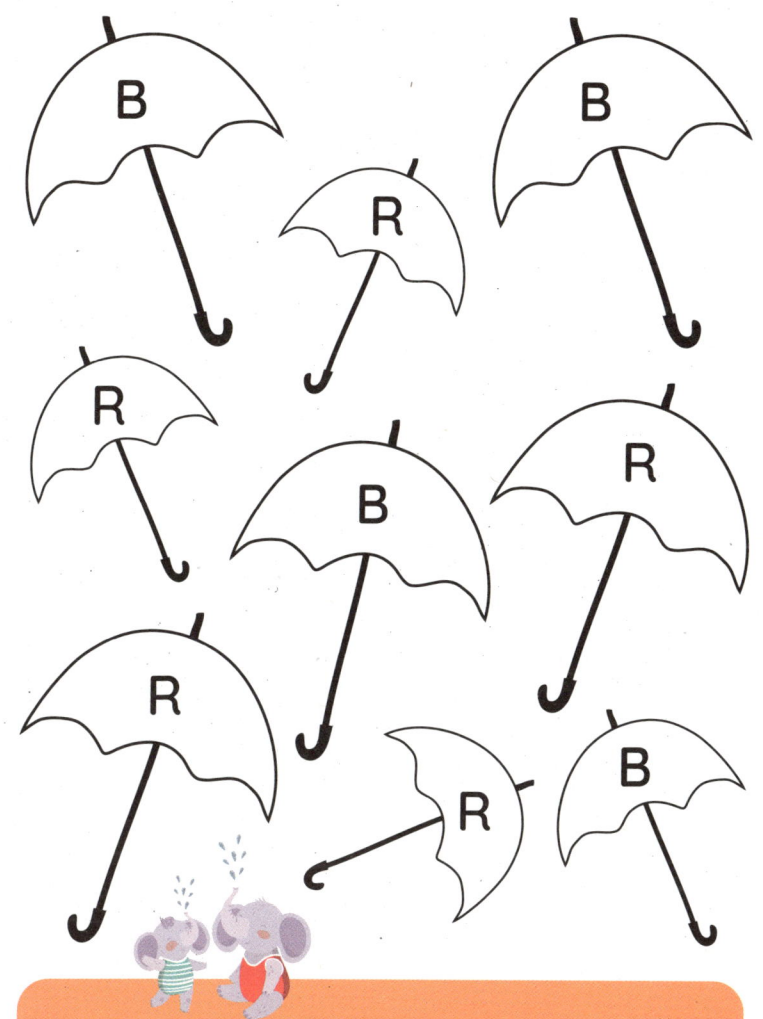

Male alle Regenschirme mit einem **B blau** aus.
Male alle Regenschirme mit einem **R rot** aus.

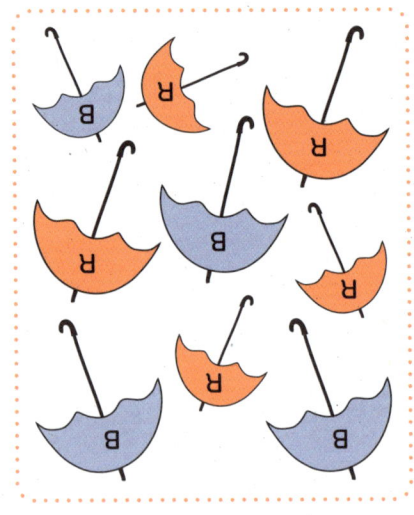

Lösung:

A		C		E
C	D		E	B
	C	B	A	
D		E		C
	E		C	A

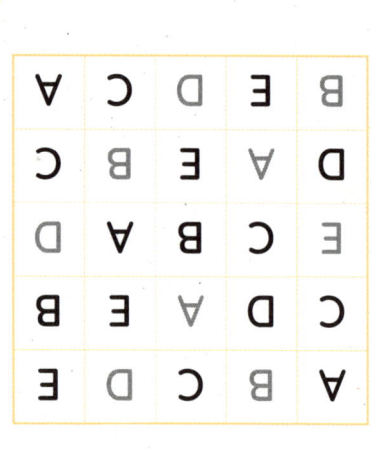

Lösung:

EIS

ZUCKERSTANGE

SCHOKOLADE

LUTSCHER

KUCHEN

WAFFEL

Mit welchen Buchstaben beginnen die Namen dieser Süßigkeiten? Schreibe sie in das Feld darunter.

 HECSRE

S

 ISNLEP

P

 NAELIL

L

Die Wörter sind ganz durcheinander!
Kannst du die Buchstaben sortieren und
alle Wörter richtig in die Felder schreiben?

SCHERE

HECSRE

PINSEL

ISNLEP

LINEAL

NAELIL

Bringe die Biene zur Blume, indem du den Buchstaben **S** und **Z** abwechselnd folgst. Zeichne den richtigen Weg ein.

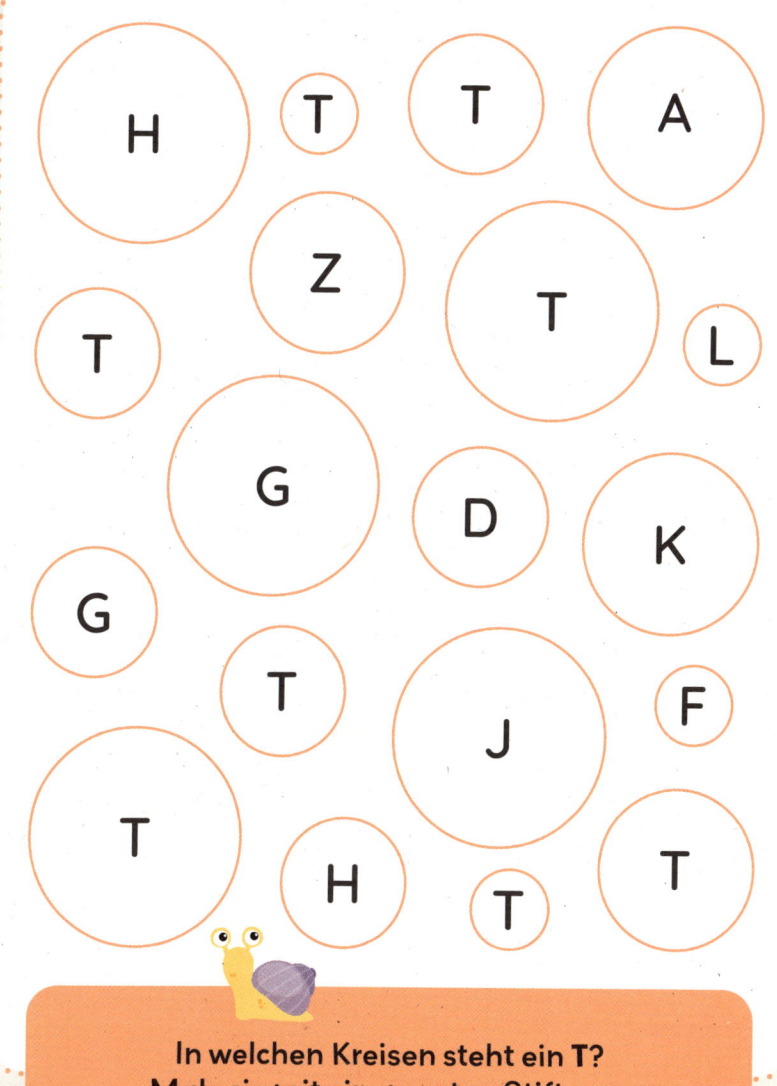

In welchen Kreisen steht ein **T**?
Male sie mit einem roten Stift aus.

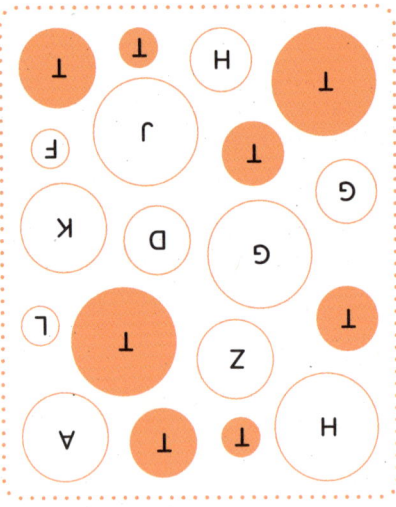

Lösung:

ZEB⬚A

⬚ANDA

LÖ⬚E

KOA⬚A

M B U K

k b m u

Finde zu jedem Großbuchstaben den passenden
Kleinbuchstaben. Ziehe Linien.

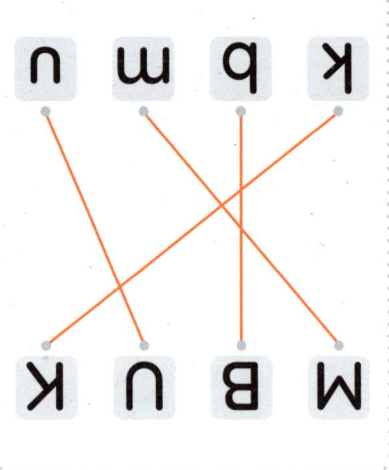

WAL	KREBS	FISCH

SCHILDKRÖTE	QUALLE	SEESTERN

Mit welchen Buchstaben beginnen die Namen dieser Meerestiere? Schreibe sie in das Feld darunter.

Sieh dir die Buchstaben an.
Hier fehlt ja die untere Hälfte!
Schreibe die Buchstaben richtig zu Ende.

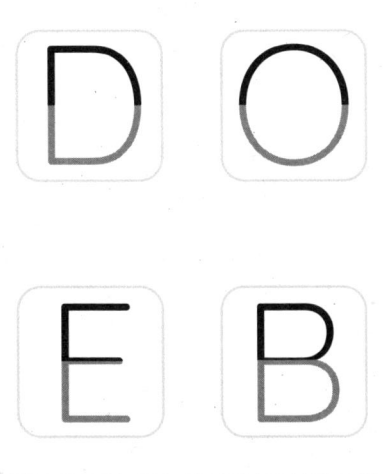

Male alle Sterne mit einem G gelb aus.
Male alle Sterne mit einem O orange aus.

Lösung:

W X B Z W L
X
N U S P
N W Y
A W V
W C O W C
O T Q
N F D R
F T D W
N W K

In diesem Wimmelbild haben sich viele
Buchstaben versteckt. Suche das **W** und kreise
jedes ein, das du finden kannst.

Z V T S

t v S Z

Finde zu jedem Großbuchstaben den passenden Kleinbuchstaben. Ziehe Linien.

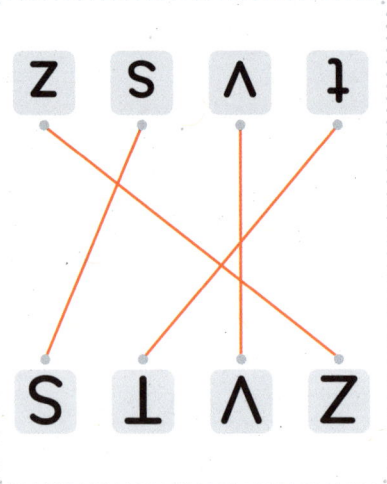

Lösung:

Bring die **SCHILDKRÖTE** zur Koralle,
indem du im Labyrinth den Buchstaben folgst.

SEESTERN

R

E

N

E

N

T

S

E

S

SEESTERN

FISCH

FINGER

ELEFANT

ENTE

HUND

FAHRRAD

RAUPE

KIND

Welche Wörter beginnen mit dem Buchstaben **F**? Kreise sie ein. Wenn du möchtest, kannst du noch passende Bilder dazu malen.

Lösung:

KIND

RAUPE

FAHRRAD

HUND

ENTE

ELEFANT

FINGER

FISCH

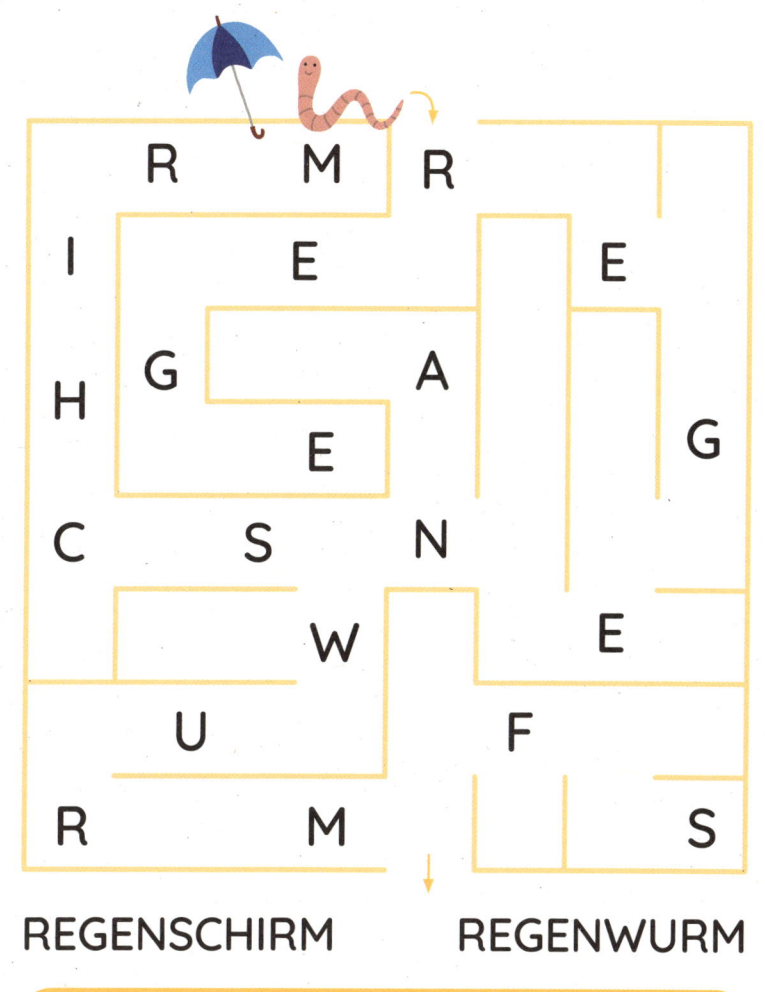

REGENSCHIRM   REGENWURM

Lösung:

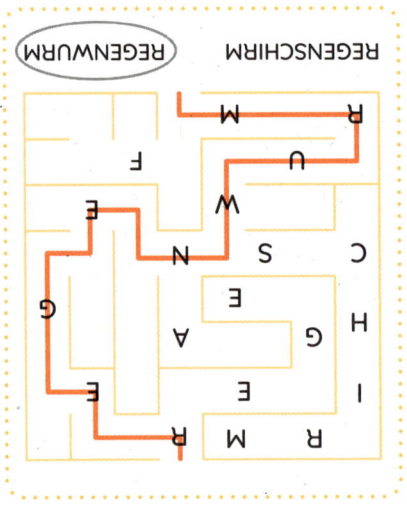

REGENWURM

REGENSCHIRM

A B C D E F G H I J K L M...

...N O P Q R S T U V W X Y Z

Verbinde die Punkte, indem du den
Buchstaben in alphabetischer Reihenfolge folgst.
Male das Bild danach bunt aus.

Lösung:

BLEISTIFT

I   F

T   T

S   I

E

B   L

Die Buchstaben sind ganz durcheinander!
Verbinde sie in der richtigen Reihenfolge,
sodass dabei das Lösungswort herauskommt.

H U H N

 B A U M

B I E N E

 B L U M E

Hier fehlt etwas!
Kannst du die gepunkteten Buchstaben
ordentlich nachziehen?

		A	F		
D	F			E	C
A	B	C		F	
	D			C	A
B	E			A	D
C	A	D	E		F

In jeder Reihe, Zeile und jedem Rechteck dürfen die Buchstaben **A**, **B**, **C**, **D**, **E** und **F** nur einmal vorkommen. Fülle die Felder aus.

Lösung:

E	C	A	F	D	B
D	F	B	A	E	C
A	B	C	D	F	E
F	D	E	B	C	A
B	E	F	C	A	D
C	A	D	E	B	F

... NOCH MEHR BÜCHER AUF 100% RECYCLINGPAPIER

ISBN 978-3-98764-077-3

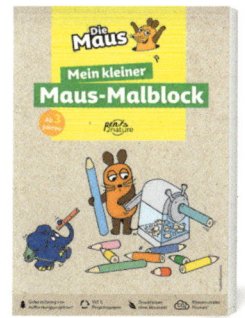

ISBN 978-3-98764-045-2

ISBN 978-3-98764-025-4

ISBN 978-3-98764-027-8

Weitere Bücher findest du unter:
www.pen2nature.de